Direção Presidência: Mario Ghio Júnior
Direção de Conteúdo e Operações: Wilson Troque
Direção editorial: Luiz Tonolli e Lidiane Vivaldini Olo
Gestão de projeto editorial: Tatiany Renó
Edição: Juliana Ribeiro Oliveira Alves e Sheila Tonon Fabre
Planejamento e controle de produção: Patrícia Eiras e Adjane Queiroz
Revisão: Hélia de Jesus Gonsaga (ger.), Kátia Scaff Marques (coord.), Rosângela Muricy (coord.), Ana Paula C. Malfa, Maura Loria; Amanda T. Silva e Bárbara de M. Genereze (estagiárias)
Arte: Daniela Amaral (ger.), Erika Tiemi Yamauchi (coord.), Karen Midori Fukunaga (edição de arte)
Diagramação: Karen Midori Fukunaga
Iconografia e tratamento de imagem: Sílvio Kligin (superv.), Claudia Bertolazzi (coord.), Fernanda Gomes (pesquisa iconográfica), Cesar Wolf e Fernanda Crevin (tratamento)
Licenciamento de conteúdos de terceiros: Thiago Fontana (coord.), Liliane Rodrigues e Angra Marques (licenciamento de textos), Erika Ramires, Luciana Pedrosa Bierbauer, Luciana Cardoso Sousa e Claudia Rodrigues (analistas adm.)
Ilustrações: Mary, Kimio e Ilustra Cartoon
Design: Gláucia Koller (ger.), Erik Taketa (proj. gráfico) e Talita Guedes (capa)
Ilustração de capa: Kittikiti/Shutterstock

Todos os direitos reservados por Editora Scipione S.A.
Avenida das Nações Unidas, 7221, 1º andar, Setor D
Pinheiros – São Paulo – SP – CEP 05425-902
Tel.: 4003-3061
www.scipione.com.br / atendimento@scipione.com.br

Dados Internacionais de Catalogação na Publicação (CIP)

```
Zigue-zague caligrafia 3º ano / obra coletiva. - 3. ed. -
São Paulo : Scipione, 2019.

   Bibliografia.
   ISBN: 978-85-474-0204-4 (aluno)
   ISBN: 978-85-474-0246-4 (professor)

   1.  Caligrafia (Ensino fundamental).


2019-0076                                        CDD: 372.634
```

Julia do Nascimento - Bibliotecária - CRB - 8/010142

2025
Código da obra CL 742234
CAE 648177 (AL) / 654563 (PR)
3ª edição
8ª impressão

Impressão e acabamento: Vox Gráfica / OP: 283790

APRESENTAÇÃO

Nesta coleção, apresentamos atividades agradáveis e bem variadas para você dominar os movimentos necessários no traçado do alfabeto e dos numerais e desenvolver sua coordenação.

Para incentivar a caligrafia, escolhemos diversos tipos de texto, encontrados no dia a dia: poesias, quadrinhas, canções, parlendas, cantigas de roda, informações publicadas em jornais e palavras em dicionários. Também incluímos brincadeiras, como cruzadinhas, diagramas, cartas enigmáticas, adivinhas, liga-pontos.

Esperamos que goste e se divirta bastante!

Os autores

Os textos sem referência são autorais.

SUMÁRIO

Alfabeto	**4**
B, b	6
P, p	7
b – p	8
D, d	9
T, t	10
d – t	11
C, c	12
G, g	13
c – g	14
F, f	15
V, v	16
f – v	17
Brincando com as palavras	**18**
J, j	20
X, x	21
j – x	22
M, m	23
N, n	24
m – n	25
Brincando com as palavras	**26**
R, r	28
rr	29
r entre vogais	30
S, s	31
Z, z	32
s – z	33
s entre vogais	34
ss	35
Brincando com as palavras	**36**
ça, ço, çu	38
ce, ci	39
que, qui	40
gue, gui	41
ge, gi	43
al, el, il, ol, ul	44
am, em, im, om, um	45
an, en, in, on, un	46
ar, er, ir, or, ur	47
as, es, is, os, us	48
az, ez, iz, oz, uz	49
Brincando com as palavras	**50**
ch	52
lh	53
nh	54
br, cr, dr, fr, gr, pr, tr, vr	55
bl, cl, fl, gl, pl, tl	56
k, w, y	57
Brincando com as palavras	**58**
Numerais	**60**
Bibliografia	**64**

Alfabeto

Ana Bela Comilona
come tudo o que vê.
Basta ligar a TV:
NHAC, NHAC, NHAC.
Era uma vez
a bolacha,
a pipoca
ou qualquer
maçaroca.

● Copie o alfabeto bem caprichado.

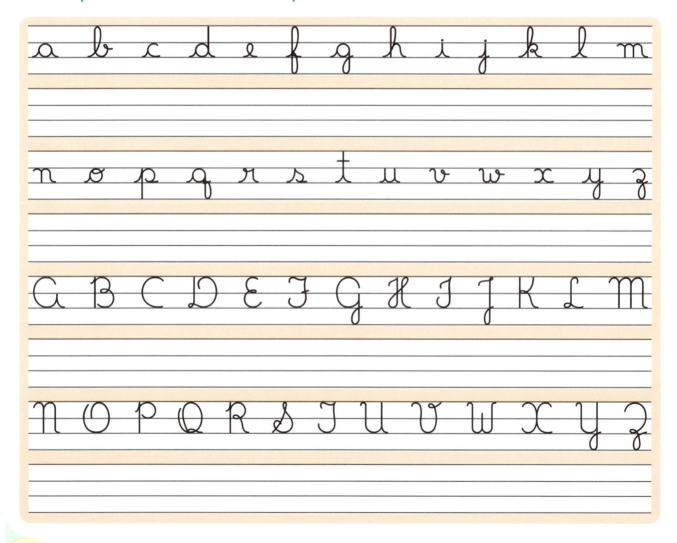

Ana Bela Comilona
só não era
muito sabichona.
Na mesa,
entendia de tudo.
Na escola,
nada de ABC.

Sua mãe pensou,
pensou, pensou,
até que — OPA! —
a solução estava
na sopa.

Ana Bela Comilona
logo aprendeu o ABC,
comendo o prato repleto
com as letras do alfabeto.

José De Nicola

> O que Beto está fazendo? Ligue os pontos na ordem alfabética e descubra.

[...]
Eu sou feita de retalhos
com recheio de algodão,
duas contas são meus olhos
e a boquinha um coração.
[...]

Gilda Figueiredo Padilla

● Copie.

Bete vestiu uma bata

branca com botõezinhos

em sua boneca Bibi.

bote

bússola

Já fiz a minha trouxinha,
estou me mudando daqui.
Este rio está muito sujo,
não quero viver assim.
Só quero água limpinha,
não quero viver aqui.

Da tradição popular.

Copie.

Proteja as plantas e os animais. Diga não à poluição.

Escreva o nome das figuras.

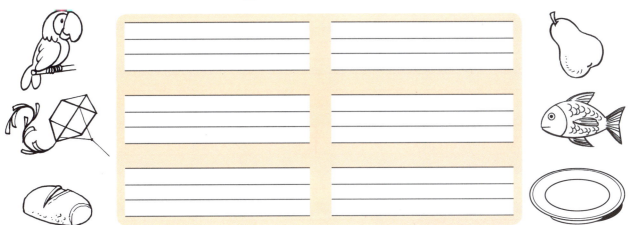

7

b – p

Sambalelê está doente,
está com a cabeça quebrada.
Sambalelê precisava
dançar uma boa lambada.

Samba, samba, samba, ô lelê,
Pisa na barra da saia, ô lalá.

Da tradição popular.

🍋 **Copie.**

Bia sambou e pulou

no baile de carnaval.

Ela estava usando uma

bonita blusa de paetês.

Não dês a ponta do dedo,
Que logo te levam a mão.
Depois da mão, vai o braço,
Vai o peito e o coração.

Da tradição popular.

🍋 **Copie.**

Duda sabe o apelido

dos dedos: mindinho,

seu-vizinho, pai de todos,

fura-bolo, mata-piolho.

9

[...]

O tatu cava um buraco,
dia e noite, noite e dia,
quando sai pra descansar,
já está lá na Bahia.

[...]

Sérgio Capparelli

🍋 **Copie.**

Durante toda a noite, o tatu

cavou sua toca.

🍋 **Escreva o nome das figuras.**

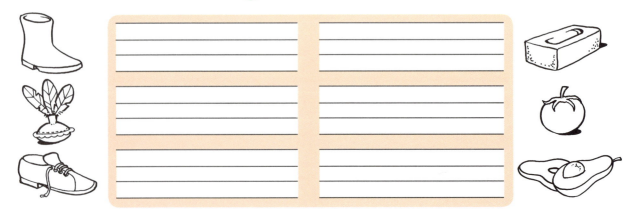

A barata diz que tem
sete saias de filó.
É mentira da barata,
ela tem é uma só.
Rá! Rá! Rá!
Ró! Ró! Ró!
Ela tem é uma só!

Da tradição popular.

● Copie.

A barata diz que tem

um anel de formatura.

É mentira da barata,

ela tem é casca dura.

Corre cutia
na casa da tia.
Corre cipó
na casa da avó.
Lencinho na mão
caiu no chão.
Moça bonita
do meu coração.

Da tradição popular.

● **Copie.**

A cutia é um roedor

com pelagem áspera e

cauda muito curta.

cinema

camelo

12

A minha gatinha parda
Em janeiro me fugiu.
Quem achou minha gatinha?
Você sabe? Você sabe?
Você viu?

Da tradição popular.

Copie.

Os três gatinhos, muito

gulosos e muito gordinhos,

comem mingau. Miau!

garfo

Gabi

c – g

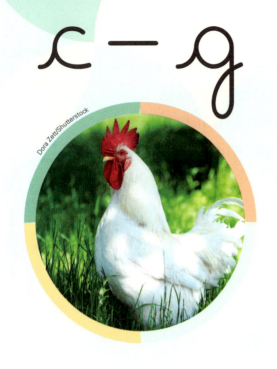

Faz três noites que eu não durmo,
pois perdi o meu galinho.
Coitadinho, ola lá!
Pobrezinho, ola lá!
Eu perdi lá no jardim.
Ele é branco e amarelo,
tem a crista vermelhinha.
Bate as asas, ola lá!
Abre o bico, ola lá!
Ele faz quiriquiqui.

Da tradição popular.

● **Copie.**

Carolina procurou,

mas não conseguiu encontrar

seu galinho branco.

— Onde estará ele agora?

Fantasminha folião
fugiu do fundo do armário.
Foi trocar a fantasia,
não quer mais ser um fantasma.
Quer é cair na folia,
quer farofa de farinha.
Quer jogar futebol
e ficar tomando sol.

Da tradição popular.

🍋 Copie.

Fantasiada de fantasma,

Fátima caiu na folia.

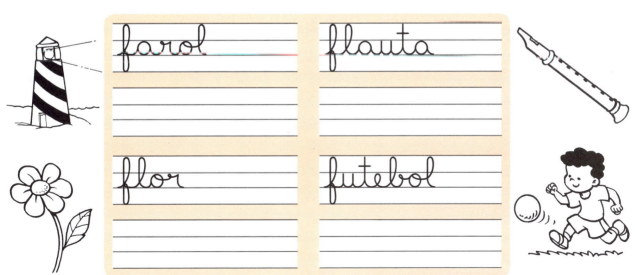

farol

flauta

flor

futebol

15

O vento zune, zune
Balança árvores,
Balança roseiras
Estará bravo?
Ou somente
apressado?

Perry Correll/Shutterstock

● **Copie.**

Na casa da vovó Vilma,

o vento zune e faz tudo voar!

vulcão   *vestido*

f – v

Meu nome é Kabá Darebu.
Tenho 7 anos e sou do povo munduruku.
Meu povo vive na Floresta Amazônica
e gosta muito da natureza.
Meu avô me disse que ela é a nossa grande mãe.

Daniel Munduruku

● Copie.

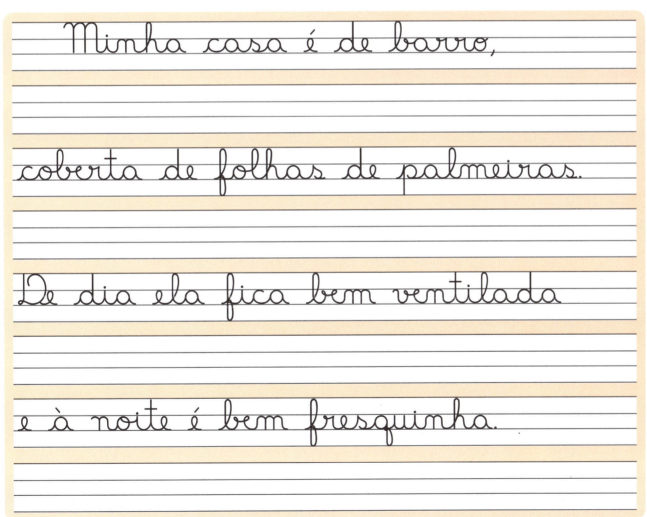

Minha casa é de barro,

coberta de folhas de palmeiras.

De dia ela fica bem ventilada

e à noite é bem fresquinha.

Brincando com as palavras

- Copie o texto, completando-o com o nome das figuras e decifrando os enigmas.

Um [pinto] maluco,

levado da [bruxa] −uxa+eca,

cismou que [queijo] −ijo+ria

brincar com [penacho] .

E como [pente] −n+ca

em [carro] −rro+sa não tinha,

Nílson José Machado

Corujinha, corujinha
Que peninha de você
Fica toda encolhidinha
Sempre olhando não sei quê

[...]

Quando a noite vem chegando
Chega o teu amanhecer
E se o sol vem despontando
Vais voando te esconder

[...]

Vinícius de Morais e Toquinho

🟢 **Copie.**

Uma coruja piou na laranjeira.

🟢 **Descubra as palavras escondidas e escreva-as nas linhas.**

F	E	I	J	Ã	O	B	C
D	X	W	P	J	I	P	E
L	W	C	A	J	U	Ç	P
J	A	N	G	A	D	A	Y

20

Peixe não gosta de lixo.
Peixe não gosta de lata.
Peixe não gosta de vidro.
Peixe é um bicho esperto,
não quer sujeira por perto.

Yara Najman

🟢 **Copie.**

Xerxes recolheu todo o lixo

para não deixar o rio sujo.

O rio é a morada dos peixes.

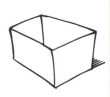

caixa   *xadrez*

21

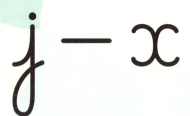

Escravos de Jó
jogavam caxangá.
Tira, põe,
deixa ficar.
Guerreiros com guerreiros
fazem zigue-zigue, zá.

Da tradição popular.

- **Copie.**

Depois de jogar xadrez

com Juju, Xerxes juntou as

peças na caixa e as deixou

na prateleira de baixo.

22

O macaco foi à feira,
não teve o que comprar.
Comprou uma cadeira
pra comadre se sentar.

A comadre se sentou,
a cadeira esborrachou.
Coitada da comadre,
foi parar no corredor.

Da tradição popular.

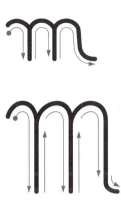

● **Copie.**

Mico comprou na feira:

melancia

morango

milho

manga

[...]
Da janela da torre mais alta do castelo, a pequena princesa olhava com a sua luneta as belas nuvens que flutuavam quase paradas no céu.
[...]

Alexandre Rampazo

- **Copie.**

Da janela, Nina brinca

de ver figuras nas nuvens.

janela   *Nina*

24

m – n

[...]

A casa do marimbondo
fica no alto, pendurada.
Se alguém chegar bem perto,
cuidado, lá vem ferroada!

[...]

Hardy Guedes Alcoforado Filho

🍋 Copie.

O marimbondo é um bicho

danado. A gente nem percebe

e ele vem dar uma picada

no nosso nariz.

Brincando com as palavras

▶ Para descobrir quem é o dono de cada casa, escolha o nome do animal que rima com o primeiro verso. Depois, escreva-o nas linhas.

Essa casa é de cimento
quem mora nela é o...

Essa casa é tão bonita
quem mora nela é a...

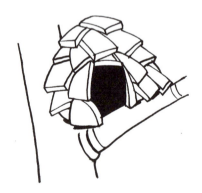

Essa casa é de caco
quem mora nela é o...

Essa casa é de telha
quem mora nela é a...

Essa casa é de lata
quem mora nela é a...

Essa casa é elegante
quem mora nela é o...

E descobri de repente
que não falei em casa de gente.

Elias José

27

Ratinho roía: ró ró ró...
Roía e ria: ri ri ri...
Ró Ró Ró viu ratoeira.
Correu, rodou e cansou.
Ratoeira viu ratinho.
Riu, riu, riu e se abriu.
Ratinho ró ró ró...
Ratoeira ra ra ra...
Ra ra ra ró ró ró
Ra re ri róóóóó pó!

Nery Reiner

● **Copie.**

O rato roeu a roupa

do rei. A rainha raivosa

rasgou o resto.

Roberval   *ramo*

A cascata
não passa
de um riacho
que passa o dia
brincando
de escorregar
morro abaixo.

Hardy Guedes
Alcoforado Filho

Christian Knepper/Opção Brasil Imagens

🟢 Copie.

Escorregando do morro, o

rio forma grandes corredeiras.

carro   *ferro*

parreira   *garrafa*

29

r entre vogais

Sou uma ave muito bela,
de plumagem colorida:
vermelha, azul, verde, amarela.
Tenho a cauda bem comprida.

Atenção para uma pista:
o papagaio é primo meu,
está fácil, não desista!
Adivinhe:
quem sou eu?

[...]

Moira Butterfield

- **Copie.**

A  barulhenta

não para de falar.

Se encontra outra arara,

começa logo a tagarelar.

Brinca nas flores
um saí divertido
de sete cores
vestido.

Saia, saia das flores,
por favor, saia daqui...
E o saí-de-sete-cores
sai saltitando das flores
e responde: — já saí.

Sidónio Muralha

● **Copie.**

O saí-de-sete-cores tem uma

plumagem muito colorida.

Ele come insetos e frutas.

sereia

Sílvia

31

Os bichos do zoológico,
de tanto verem excursões,
resolveram ir em bando
ao parque de diversões.

[...]

Sentada numa barquinha,
a hiena nem se toca
e se diverte sozinha
com seu saco de pipoca.

[...]

Carlos Queiroz Telles

Copie.

Zunindo sem parar,

a mosquinha Zenaide

fez a maior zoada no zoológico.

zabumba   *azaleia*

Hoje o trem da bicharada
vai sair numa excursão.
Eis a turma preparada
para embarcar na estação.

[...]

A girafa, insegura,
fiscaliza o horizonte.
Por causa de sua altura,
tem medo de túnel e ponte.

[...]

Carlos Queiroz Telles

s – z

🍋 **Copie.**

Suzana levou um susto

quando o trenzinho saiu

sacudindo do túnel de

Serra Azul.

33

s entre vogais

Malva cheirosa
Rosa formosa
Mimosa manhã
Manhã cheirosa
Rosa mimosa
Malva formosa
Vida gostosa!

Nery Reiner

● **Copie.**

A casa de Isabel tem um

jardim cheio de rosas

e brincos-de-princesa.

Marisa

mesa

34

Com um pássaro no beiral do edifício
Eu me distraio.
Eu me distraio.

Se ele adoece, fica de cama, entristecido
Eu fico aflito.
Eu fico aflito.

Se ele canta, se ele dança, se ele voa
Eu me divirto.
Eu me divirto.

Sérgio Capparelli

● Copie.

Para passear lá no alto

sem pagar passagem, só

se a gente fosse passarinho...

vassoura   *pessoa*

35

Brincando com as palavras

Copie a cantiga decifrando os códigos que completam os versos.

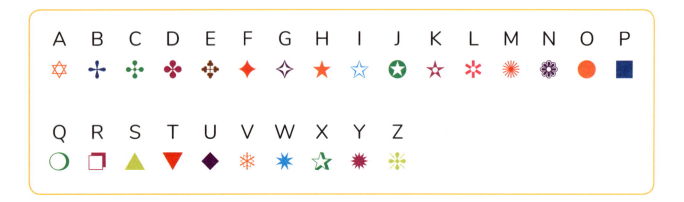

Sapo ⊛ ◆ ◻ ◆ ◻ ◆

na beira do ◻ ☆ ● .

Quando o ▲ ✡ ◼ ● grita,

ó maninha,

Da tradição popular.

ça

ço

çu

[...]

E o palhaço Fagulha **entrou** no picadeiro.
Cumprimentou o respeitável público.
Virou cambalhotas, levou tombos,
perdeu as calças, fez palhaçadas.

[...]

Sonia Junqueira

- **Copie.**

Balançando a pança,

o palhaço Feitiço distribuiu

beijos para as crianças.

açúcar

açúcar   *moça*

38

Eu queria ser de circo.
Ai, que vida original!
Trabalhar todas as noites divertindo o pessoal.

[...]

Pedro Bandeira

ce

ci

● Copie.

No circo do Zé Cebola,

um ciclista muito faceiro

rodopia de bicicleta.

Ceci

centopeia

que

qui

O periquito Quito andava pela mata.
Ele procurava, aqui e ali,
alguma coisa pra beliscar.
E encontrou.
Encontrou lascas de queijo,
uns farelos de quindim,
pedacinhos de quiabo
e meio quilo de quirera.
Quito comeu tudo. Encheu a pança.
[...]

Sonia Junqueira

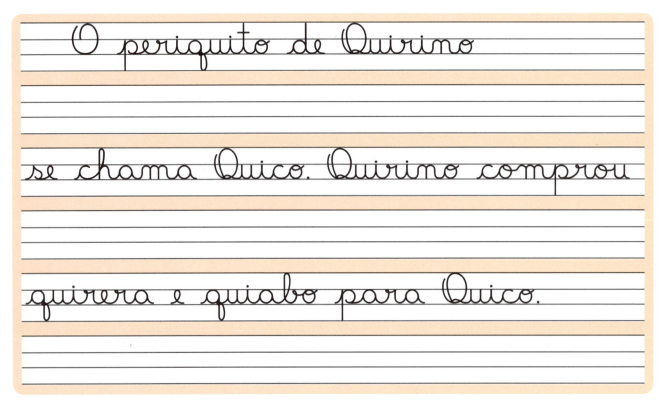

● Copie.

O periquito de Quirino se chama Quico. Quirino comprou quirera e quiabo para Quico.

queijo

mosquito

40

A preguiça é muito mole,
das árvores nunca desce,
e no meio da folhagem
quase que desaparece.

Maiti Frank Carril

que

gui

🍋 **Copie.**

A preguiça gosta de comer

as folhas novas da figueira.

enguia *esguicho*

foguete *guitarra*

41

🟢 **Coloque as sílabas na ordem correta e escreva a frase na linha.**

Dizem que Eugênio Tenente,
agitado e inteligente,
é um homem de coragem:
não finge, não mente,
nem conta vantagem.
[...]

Cristina Porto

ge
gi

● **Copie.**

Gérson é gentil e generoso com as pessoas.

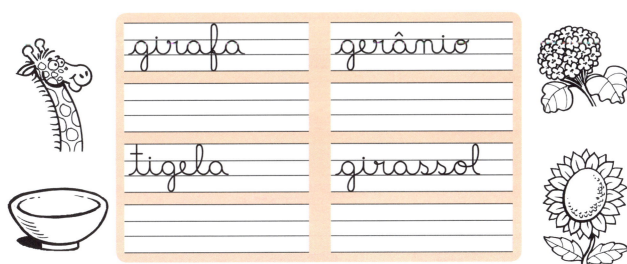

girafa — gerânio

tigela — girassol

[...]

O galo aluado
subiu no telhado
e chamou pelo sol,
cocorissol,
cocorissol.

O galo aluado
subiu no telhado
e viu o caracol,
cocoricol, cocoricol.

[...]

Sérgio Capparelli

Copie.

De manhã, Raquel filmou

o galo cantando bem alto

no quintal, saudando o sol

e o céu azul.

O tempo perguntou pro tempo
quanto tempo o tempo tem.
O tempo respondeu pro tempo
que o tempo tem tanto tempo
quanto tempo o tempo tem.

Da tradição popular.

am

em

im

om

um

● Copie.

Demorou algum tempo para

a Carmem pular do trampolim.

Foi no fim da competição.

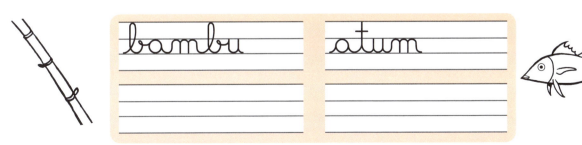

bambu   *atum*

45

am
em
im
on
um

Canguru ficou cansado
de carregar seu filhinho.
Por isso foi à cidade
e comprou lindo carrinho.

Milton Camargo

● **Copie.**

Quando estava saindo

de Jundiaí, Afonso viu

que chovia e ventava muito.

onça

presunto

A TV chegou no mato,
novidade nunca vista!
Todo bicho quer contrato
pra trabalhar como artista.

[...]

Por ter ótima memória
e um olhar sedutor,
o elefante — que glória! —
vai trabalhar como ator.

[...]

Carlos Queiroz Telles

ar
er
ir
or
ur

● Copie.

Vestido de borboleta,

Artur, o elefante ator,

fez todo o mundo rir.

circo

torneira

47

as
es
is
os
us

Dos dedos do artista saem pássaros, peixes casas, montes, cata-ventos e também um burrinho com olhos de papel crepom. [...]

Sérgio Capparelli

● Copie.

Para espanto da plateia,

o malabarista equilibrou

três pratos, duas laranjas

e dez copos!

az
ez
iz
oz
uz

O avestruz engole tudo:
moeda, tampa, botão...
É uma ave que não voa,
mas corre como um rojão!

Maiti Frank Carril

🍋 **Copie.**

João Vaz falou para Beatriz:

o avestruz tem asas, mas não voa.

Em vez disso, ele corre veloz.

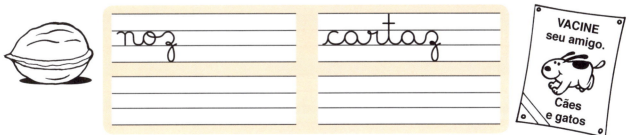

noz   *cartaz*

49

Brincando com as palavras

Escreve com **M** ou **N**? Identifique nas figuras e preencha os quadrinhos. Depois, escolha palavras com **M** e **N** e escreva um texto com elas.

Palavras com **M**

Palavras com N

ch

Este é o Chico Cochicho,
com cara de lua cheia,
com covinha na bochecha
e um sorriso que não fecha...
[...]

Cristina Porto

🍋 **Copie.**

Este é Chico Cochicho, que usa

amarelo, mas usa

, não usa   .

Cristina Porto

52

As abelhinhas vão se reunindo
Depois voam rápido de uma flor para a outra
No imenso colorido do parque
Se dispersam para passear na tarde

Vão da colmeia para a rosa
Da rosa para o jasmim
Enfeitam o cravo e movimentam o céu
Atravessam o ar e produzem o mel.

lh

● Copie.

As abelhas produzem mel e fazem barulho quando voam.

coelho

ervilha

folha

ovelha

53

nh

Gafanhoto verdinho
Vai de mansinho
Pelo caminho
Procura ervinha
Encontra joaninha
Lindinha, lisinha
De asas certinhas
Gafanhoto e joaninha
Vão de mansinho
Pelo caminho
Como rei e rainha
Um galho e uma florzinha

Nery Reiner

● Copie.

Aninha gosta de observar a joaninha e o gafanhoto subirem de mansinho pelas folhas verdinhas.

br cr dr

fr gr

pr tr

vr

Salada, saladinha,
bem temperadinha.
Vai sal, pimenta,
alface, espinafre,
cravo, tomate e alecrim.
Um, dois, três.

Da tradição popular.

Africa Studio/Shutterstock

🍃 **Copie.**

André comprou creme branco,

frango, agrião e trufa em Lavras.

gruta

travessa

bruxa

livro

bl cl

fl gl

pl

tl

Na flor, o beija-flor.
Na flor, a cor.
A cor, no beija-flor.
Quem é flor?
Quem é beija-flor?

Nery Reiner

🍃 **Copie.**

No parque público, as flores e plantas ficam expostas ao clima.

Glória

atleta

blusa

pluma

O K, o Y e o W entraram no alfabeto
E nesse ponto também o Acordo foi correto
pois já tinha muita gente
com nome bem diferente
no sertão do Ceará
E eu vejo por todo lado
menino ser batizado
usando essas letras lá.

Marcos Mairton

● Copie.

Wagner, Kristen e Yumi

vão ao show de rock no domingo.

O ingresso será 1 kg de alimento.

57

Brincando com as palavras

Leve cada bicho até a casa dele. Depois, escreva nas linhas o nome do bicho e o nome da casa dele.

Agora copie os numerais de dez em dez.

Vinte, trinta,

quarenta,

cinquenta,

sessenta,

setenta, oitenta,

noventa, cem.

20
30
40
50
60
70
80
90
100

20 – 30 –

40 –

50 –

60 –

70 – 80 –

90 – 100

🟢 **Qual é o animal? Para descobrir, leia o poema e ligue os pontos. Depois, escreva o nome dele.**

Tenho um casco forte,
ando só devagarinho,
vivo mais de 80 anos,
é, eu fico bem velhinho.

Não tenho dentes,
mas não confie nisso, não.
Minha boca corta muito,
cuidado com sua mão!

Se fico de pernas pro ar
posso até morrer.
Por favor me desvire
se isso acontecer.

Eu sou o:

◗ **Escreva o nome de cada numeral abaixo. Depois, coloque-os na cruzadinha. Siga as setas.**

9: ☐☐☐☐

3: ☐☐☐☐

7: ☐☐☐☐

80: ☐☐☐☐☐☐☐

100: ☐☐☐

11: ☐☐☐☐

60: ☐☐☐☐☐☐☐☐

◗ **Qual desses numerais é o menor? E qual é o maior? Escreva nas linhas.**

BIBLIOGRAFIA

ALCOFORADO FILHO, Hardy G. *Casinhas de bichos*. São Paulo: Scipione, 2008.

_____. *O bailado*: primeiros movimentos. São Paulo: Scipione, 2012.

BANDEIRA, Pedro. *Cavalgando o arco-íris*. São Paulo: Moderna, 2003.

BUTTERFIELD, Moira. *Quem sou eu? 2*. São Paulo: Moderna, 1998.

CAMARGO, Milton. *A zebra, a girafa e outros bichos...* São Paulo: Ática, 1988.

CAPPARELLI, Sérgio. *Boi da cara preta*. Porto Alegre: L&PM, 1998.

_____. Com um pássaro no beiral... In: *111 poemas para crianças*. Porto Alegre: L&PM, 2007.

_____. *Tigres no quintal*. Porto Alegre: Kuarup, 2008.

CARRIL, Maiti Frank. *De avestruz a zebra*. São Paulo: Ática, 1999.

JOSÉ, Elias. *Lua no brejo*. Porto Alegre: Mercado Aberto, 1987.

JUNQUEIRA, Sonia. *O susto do periquito*. São Paulo: Ática, 2007.

_____. *Um palhaço diferente*. São Paulo: Ática, 2009.

MACHADO, Nílson José. *A peteca do pinto*. São Paulo: Scipione, 2003.

MAIRTON, Marcos. TV Brasil. *Alfabeto* – Cordel ortográfico. Disponível em: <www.youtube.com/watch?v=uPVRoNaERAs>. Acesso em: 12 abr. 2019.

MORAIS, Vinícius de; TOQUINHO. A corujinha. Disponível em: <https://www.youtube.com/watch?v=djv1UV8oCDI>. Acesso em: 4 fev. 2019.

MUNDURUKU, Daniel. *Kabá Darebu*. São Paulo: Brinque-Book, 2002.

MURALHA, Sidónio. *A dança dos pica-paus*. São Paulo: Global, 2000.

NICOLA, José De. *Entre ecos e outros trecos*. São Paulo: Moderna, 2002.

PADILLA, Gilda F. *Brinquedos falantes*. São Paulo: Ática, 1994.

PORTO, Cristina. *Chico Cochicho*. São Paulo: FTD, 2002.

_____. *Gênio e Gina*. São Paulo: FTD, 2003.

RAMPAZO, Alexandre. *A princesa e o pescador de nuvens*. São Paulo: Panda Books. Disponível em: <http://www.alerampazo.com.br/livros-autorais/a-princesae-o-pescador-de-nuvens/>. Acesso em: 4 fev. 2019.

REINER, Nery. *Passa, passa, passarinho*. Aparecida, SP: Santuário, 1994.

TELLES, Carlos Queiroz. *Nossos bichos na TV*. São Paulo: Scipione, 1995.

_____. *O trem da bicharada*. São Paulo: Scipione, 1993.

_____. *Tem bicho no parquinho*. São Paulo: Scipione, 1992.